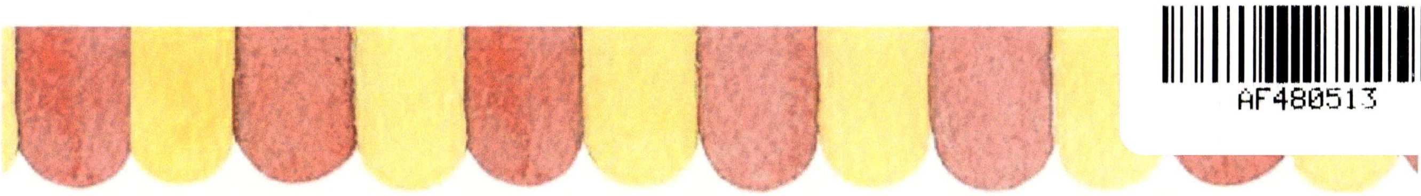

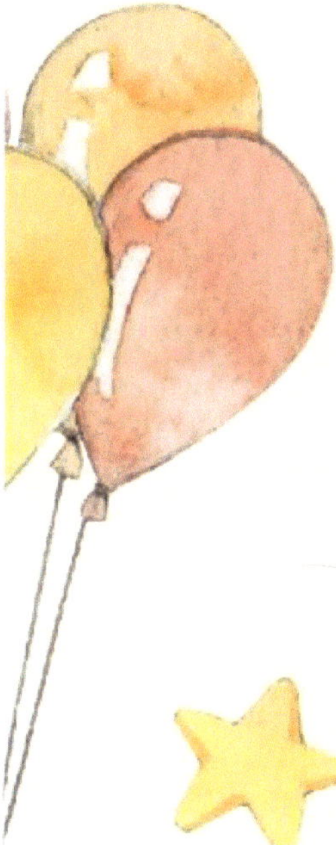

# 300 Vocabulary Picture Flashcards

## English - Bulgarian

# granddaughter

внучка

# grandmother

баба

# grandson

внук

# mother

майка

# nephew

племенник

# niece

племенница

# sister

сестра

# son

син

# stepdaughter

доведена дъщеря

stepmother
мащеха

stepson
доведен син

uncle
чичо

bowl
купа

cup
чаша

dish
чиния

fork
вилица

glass
стъкло

knife
нож

mug
халба

napkin
салфетка

pepper
пипер

pitcher
стомна

plate
плоча

salad
салата

salt
сол

saucer
чинийка

spoon
лъжица

| sugar | Sunday | Monday |
|---|---|---|
| захар | неделя | понеделник |
| Tuesday | Wednesday | Thursday |
| Tuesday | Wednesday | Thursday |
| вторник | сряда | четвъртък |
| Friday | Saturday | bake |
| Friday | Saturday | |
| петък | събота | пека |

# boil

кипене

# broil

печено месо на

# can opener

отварачка за

# fry

дребна риба

# grill

грил

# measuring cup

мерителна чаша

# measuring spoon

мерителна лъжица

# microwave

микровълнова

# mixing bowl

купа за смесване

# paper towels

хартиени кърпи

# poach

яйце яма

# potholder

поставка за

# roast

печено

# rolling pin

точилка

# scramble

боричкане

# simmer

едва се сдържам

# knife

нож

# spoon

лъжица

spatula
шпатула

steam
пара

strainer
цедка

timer
часовник

fork
вилица

toaster
тостер

kettle
чайник

refrigerator
хладилник

blender
общителен човек

# cabinet

шкафове

# cupboard

шкаф

# microwave

микровълнова

# back

обратно

# cheeks

бузите

# chest

гръден кош

# chin



брадичка

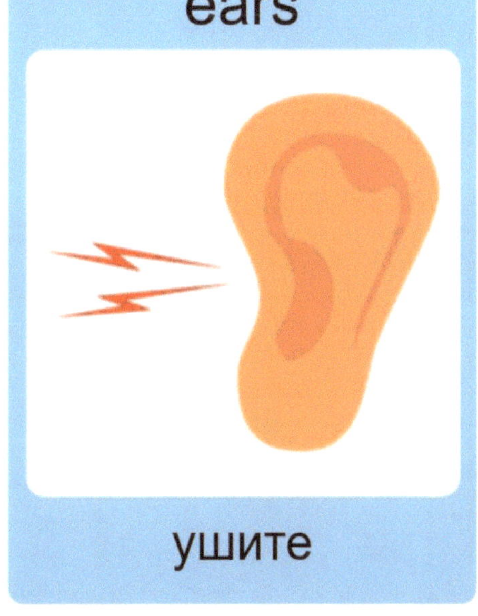

# ears

ушите

# eyebrows

вежди

| eyes | feet | fingers |
|---|---|---|
|  |  |  |
| очи | крака | пръстите |

| foot | forehead | hair |
|---|---|---|
|  |  |  |
| крак | чело | коса |



| hands | head | hips |
|---|---|---|
| 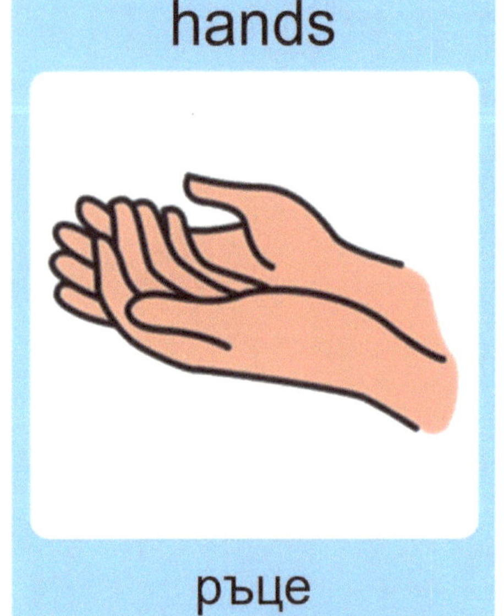 |  |  |
| ръце | глава | бедрата |

# knees

колене

# legs

крака

# lips

устни

# mouth

уста

# neck

врат

# nose

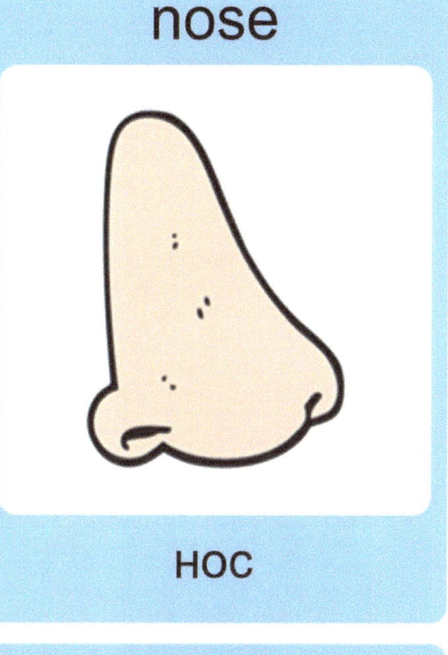

нос

# shoulders

раменете

# stomach

стомах

# teeth

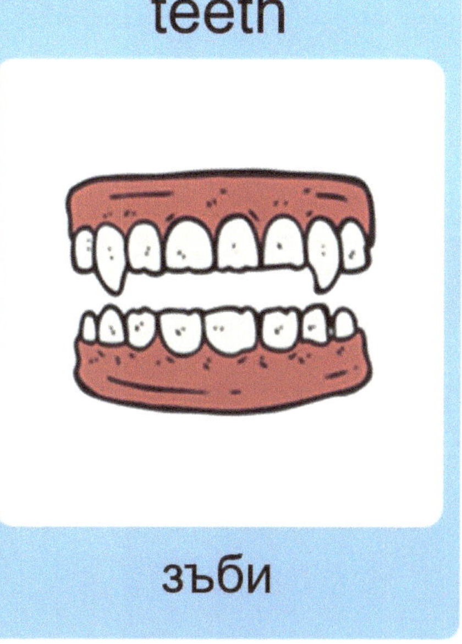

зъби

| throat | toes | tongue |
|---|---|---|

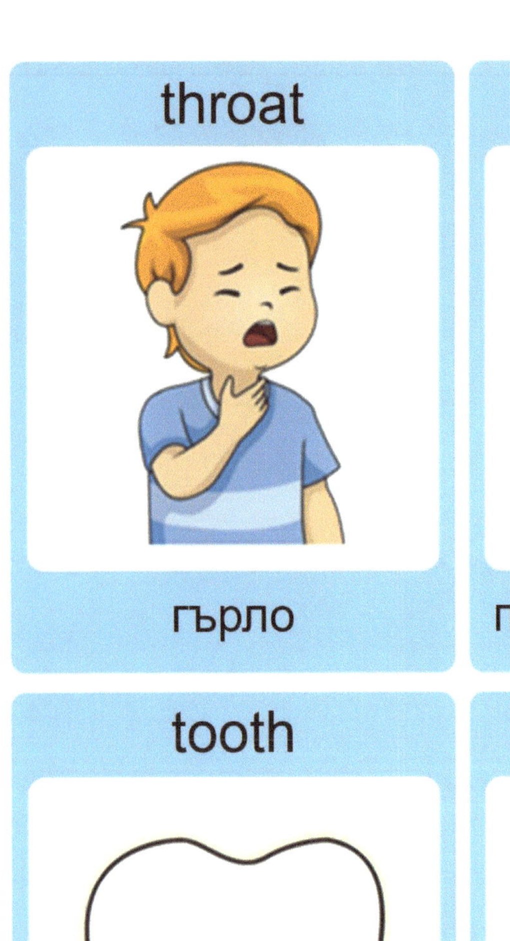 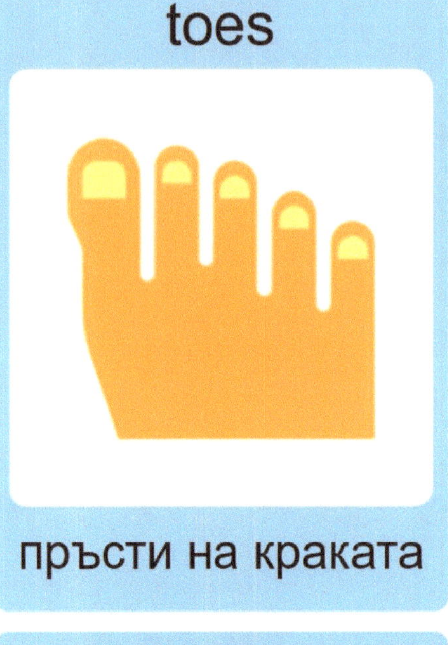 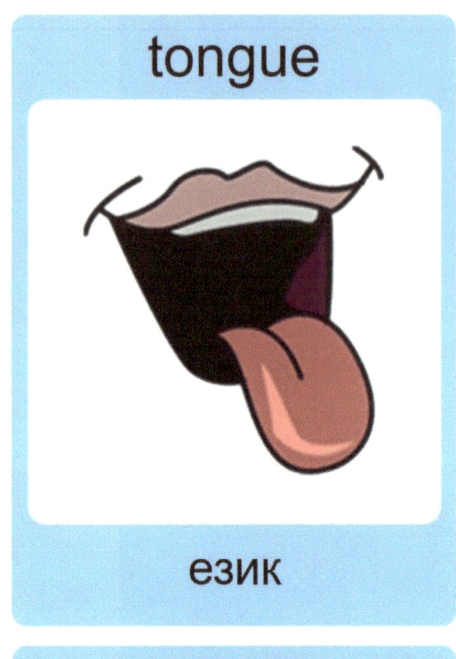

| гърло | пръсти на краката | език |
|---|---|---|

| tooth | waist | overalls |
|---|---|---|

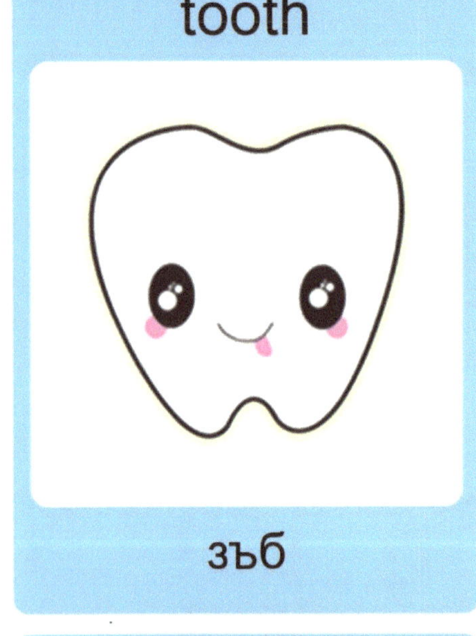  

| зъб | талия | комбинезон |
|---|---|---|

| mittens | beanie | apron |
|---|---|---|

| ръкавици | beanie | престилка |
|---|---|---|

## doll

кукла

## rattle

дрънкалки

## toy

играчка

## diaper

пелена

## bassinet

плетена детска

## bib

нагръдник

## octagon

осмоъгълник

## triangle

триъгълник

## square
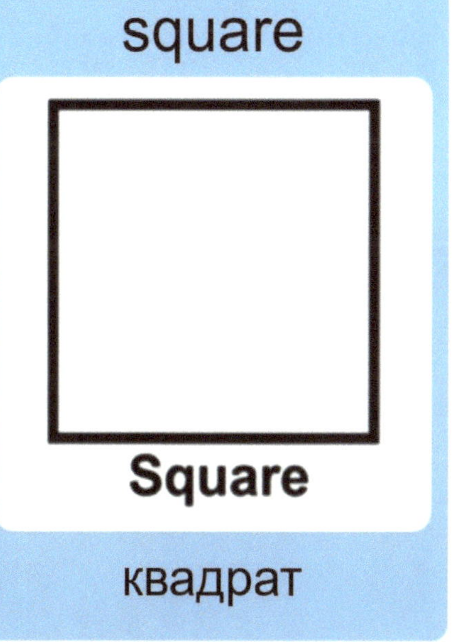

квадрат

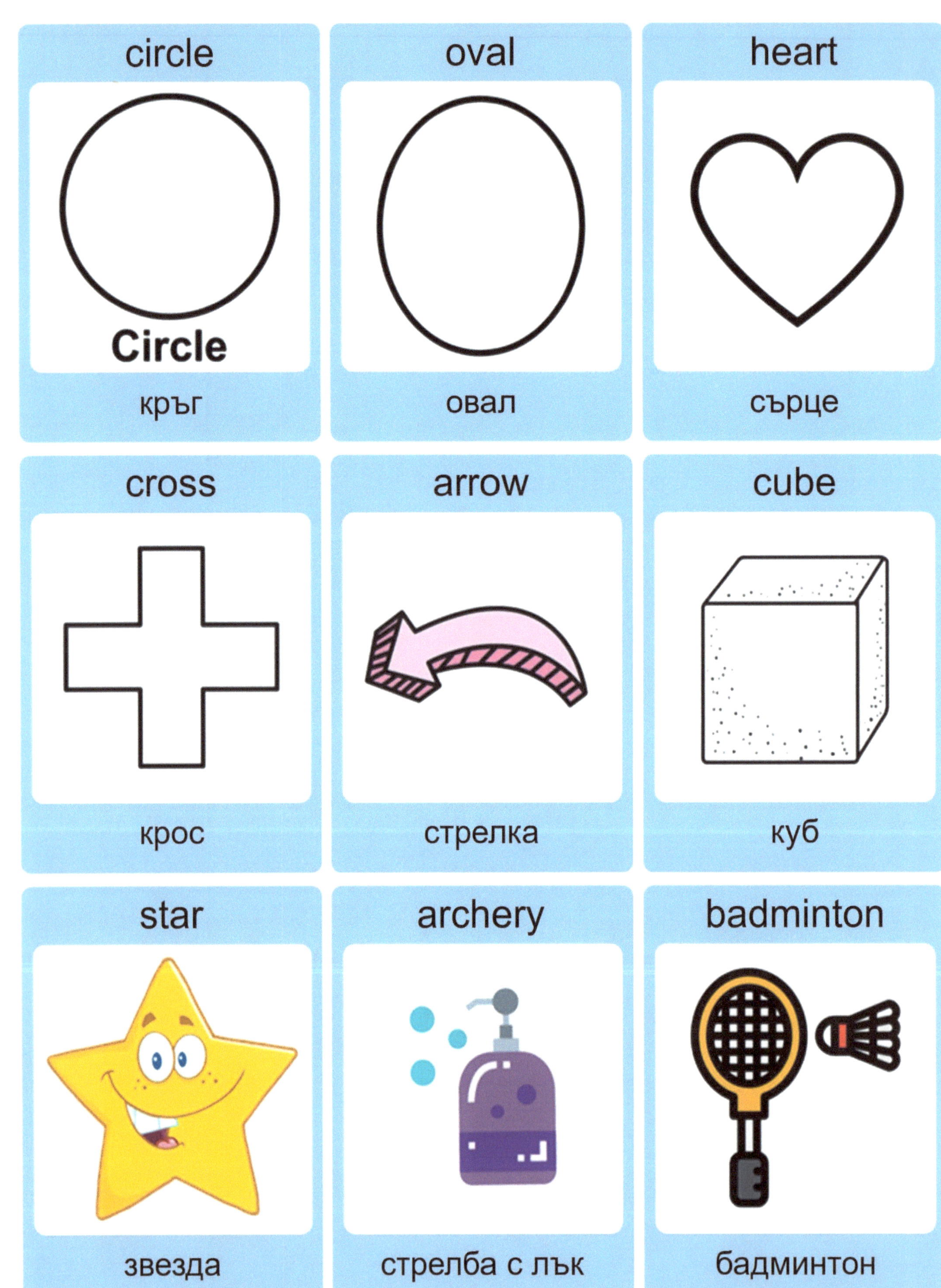

circle
Circle
кръг
oval
овал
heart
сърце
cross
крос
arrow
стрелка
cube
куб
star
звезда
archery
стрелба с лък
badminton
бадминтон

# cricket

крикет

# bowling

боулинг

# boxing

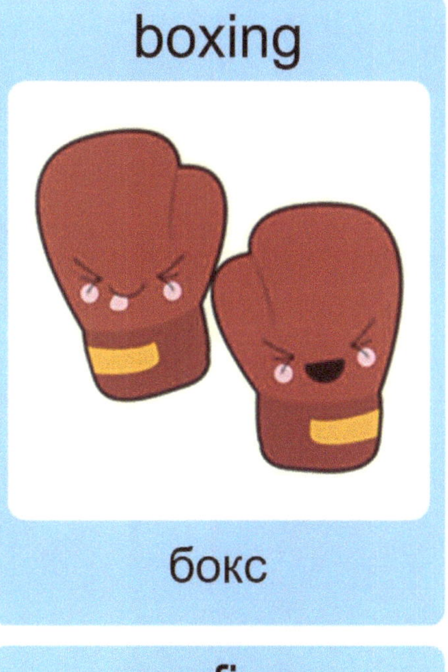

бокс

# tennis

тенис

# skateboarding

скейтборд

# surfing

surfboarding

# hockey

хокей

# yoga

йога

# fencing

фехтовка

## fitness

фитнес

## gymnastics

гимнастика

## karate

карате

## volleyball

волейбол

## weightlifting

вдигане на тежести

## basketball

баскетбол

## baseball

бейзбол

## rugby

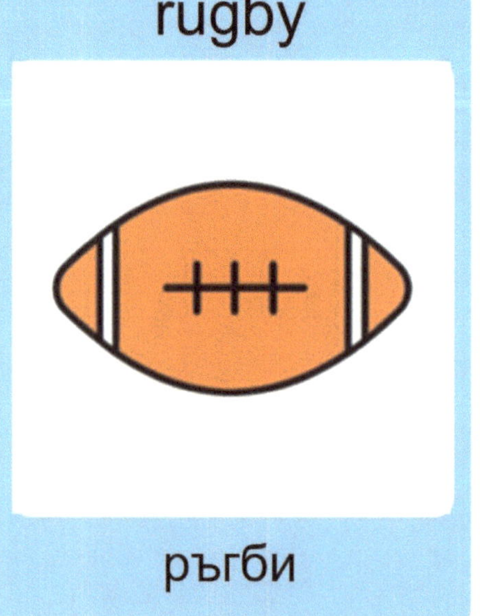

ръгби

## wrestling

борба

# car racing

състезание с коли

# cycling

колоездене

# running

работещи

# table tennis

тенис на маса

# fishing

риболов

# judo

джудо

# climbing

изкачване

# shooting

стрелба

# golf

голф

ride
езда
sit down
седни
stand up
стани
fight
битка
laugh
смях
read
прочети
play
играй
listen
слушам
cry
вик

# think

мисля

# sing

пей

# watch tv

гледам телевизия

# dance

танц

# turn on

включи

# turn off

изключи

# win

печеля

# fly

летя

# cut

разрез

# throw away

изхвърлям

# sleep

сън

# close

близо

# open

отворено

# write

напиши

# give

давам

# jump

направо

# eat

яжте

# drink

питие

# cook

готвач

# wash

мия

# wait

изчакайте

# climb

изкачвам се

# talk

говоря

# crawl

пълзене

# dream

мечта

# dig

разкопки

# clap

ръкопляскане

knit
плета

sew
зашийте

smell
мирис

kiss
целувка

hug
прегръдка

snore
хъркане

bathe
къпя

bow
поклони

paint
боя

# dive

гмуркам се

# ski

ски

# stack

купчина

# buy

купува

# shake

клатя

# programmer

програмист

# veterinarian

ветеринарен лекар

# street vendor

уличен продавач

# miner

миньор

# teacher

учител

# bellboy

пиколо

# speaker

говорител

# butcher

касапин

# pharmacist

фармацевт

# receptionist

рецепционист

# politician

политик

# tour guide

екскурзовод

# entrepreneur

предприемач

# ballet dancer

балерина

# astronaut

астронавт

# judge

съдия

# lawyer

адвокат

# cashier

касиер

# taxi driver

таксиметров

# plumber

водопроводчик

# musician

музикант

# chef

главен готвач

# baker

пекар

# artist

художник

# actor

актьор

# bartender

барман

# hairdresser

фризьор

# bishop

епископите

# optician

оптик

# florist

цветар

# writer

писател

# accountant

касиер

# wine

вино

# coffee

кафе

# lemonade

лимонада

# hot chocolate

горещ шоколад

# milkshake

млечен шейк

# water

вода

# tea

чай

# milk

мляко

# beer

бира

# soda

газирани напитки

# smoothie

ласкател

# milkshake

млечен шейк

# coconut milk

кокосово мляко

# orange juice

портокалов сок

# cocoa

какао

# cheese

сирене

# egg

яйце

# butter

масло

# margarine

маргарин

# yogurt

кисело мляко

# cottage cheese

извара

# ice cream

сладолед

# cream

сметана

# sandwich

сандвич

# sausage

наденица

# hamburger

хамбургер

hot dog
хот дог
bread
хляб
pizza
пица
steak
пържола
roast chicken
печено пиле
fish
риба
seafood
морска храна
ham
шунка
kebab
кебап

| bacon | sour cream | cow |
| :---: | :---: | :---: |
|  |  |  |
| бекон | сметана | крава |

| rabbit | duck | shrimp |
| :---: | :---: | :---: |
|  |  |  |
| заек | патица | скарида |

| pig | bee | goat |
| :---: | :---: | :---: |
|  |  |  |
| прасе | пчела | коза |

# crab

рак

# deer

елен

# turkey

турция

# dove

гълъб

# sheep

овца

# fish

риба

# chicken

пиле

# horse

кон

# wing chair

председател

# tv stand

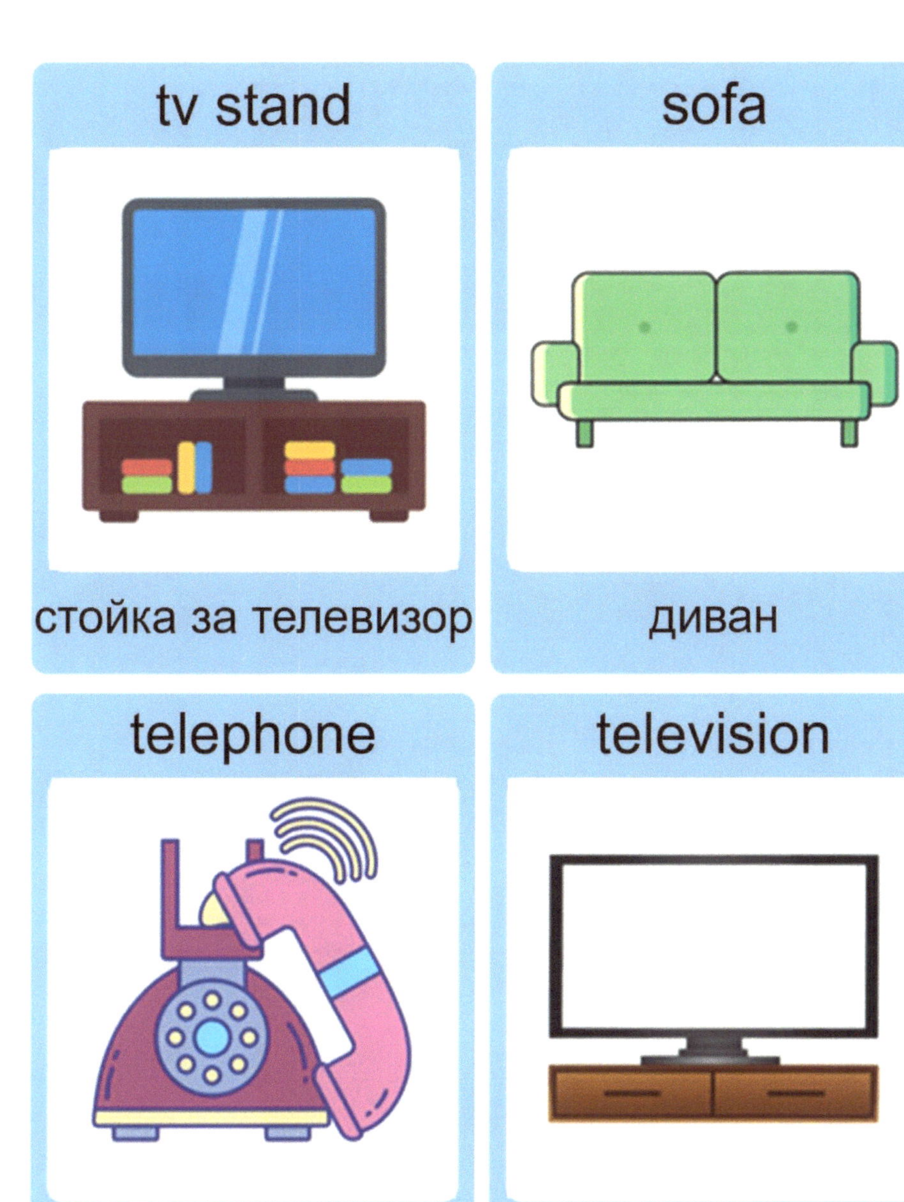

стойка за телевизор

# sofa

диван

# cushion

възглавнички

# telephone

телефон

# television

телевизия

# speaker

високоговорители

# end table

помощна масичка

# tea set

чаен комплект

# fireplace

пожарна

remote
дистанционните

fan
електрически

floor lamp
подова лампа

carpet
килим

table
бюра

blinds
щори

curtains
завеси

picture
снимка

vase
ваза

# clock

часовник

# pillow

възглавница

# hat stand

закачалка

# dressing table

тоалетна масичка

# table lamp

настолна лампа

# mirror

огледало

# ironing board

дъска за гладене

# hope chest

кутия с чекмедже

# night table

нощно шкафче

# bed

легло

# air-conditioner

климатик

# jug

кана

# toothpaste

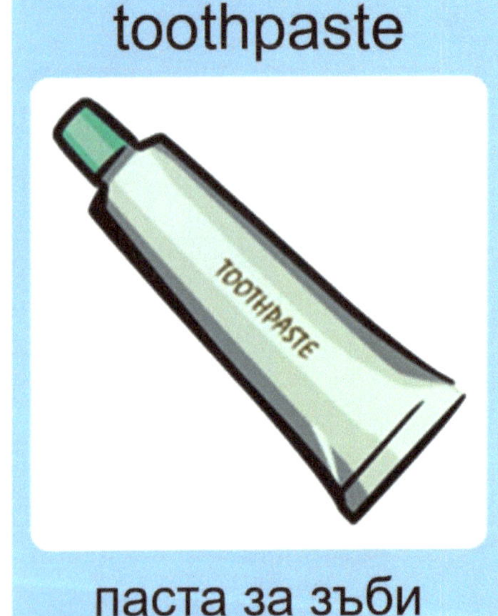

паста за зъби

# toothbrush

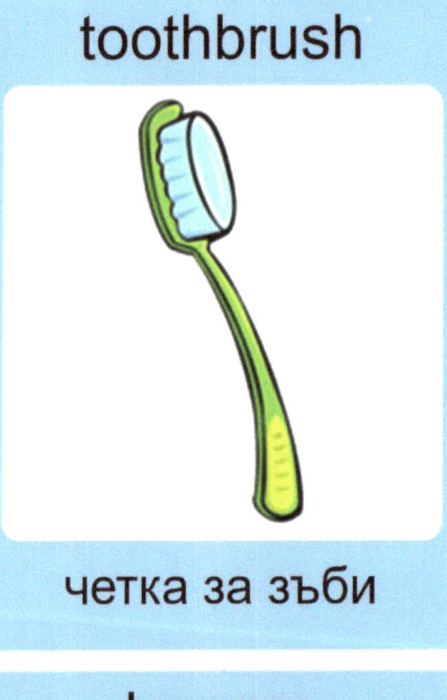

четка за зъби

# soap

сапун

# clothespin

щипка за пране

# hanger

закачалка

# hair dryer

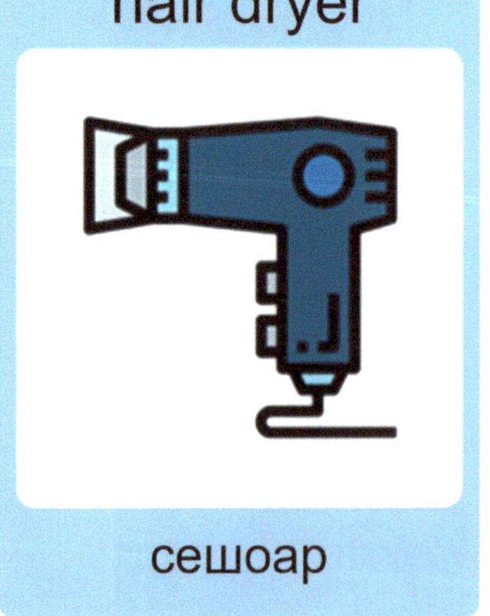

сешоар

# shampoo

шампоан

# bubble

мехур

# brush

четка

# toilet paper

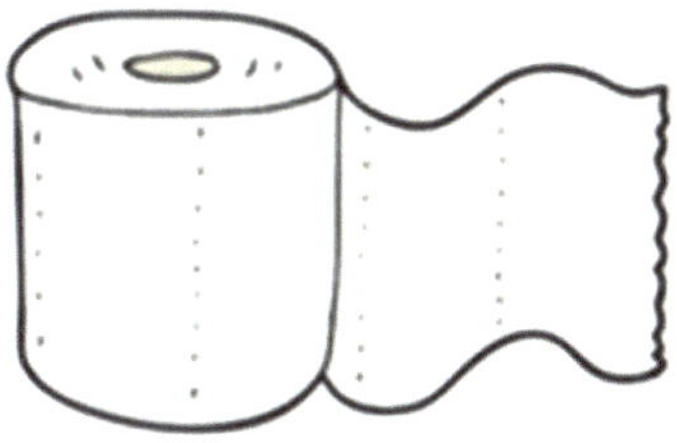

тоалетна хартия

# towel

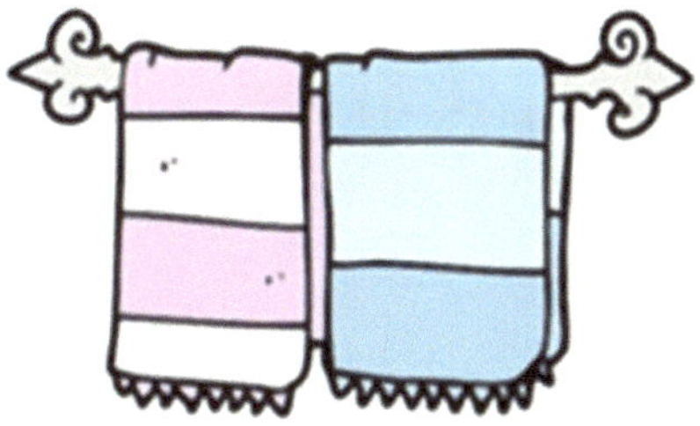

хавлиена кърпа

# clothesline

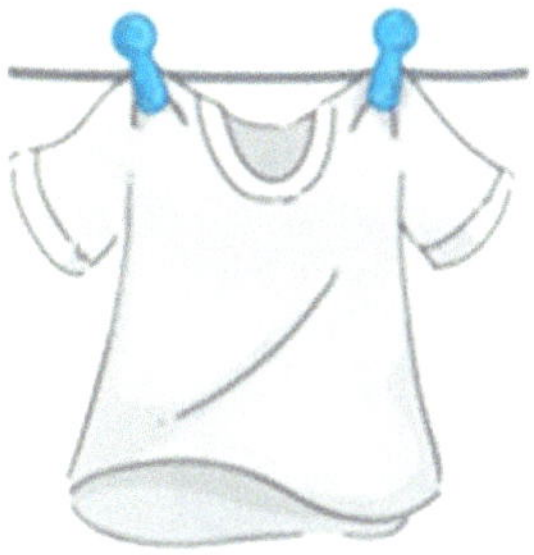

за пране

# shower

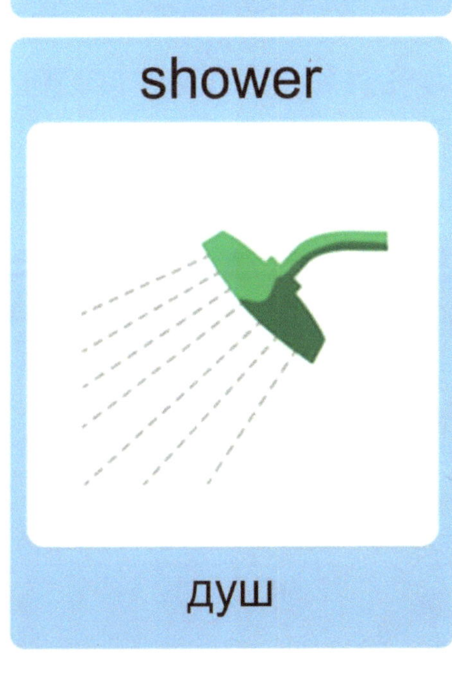

душ

# bathtub

вана

# laundry detergent

прах за пране

# bucket

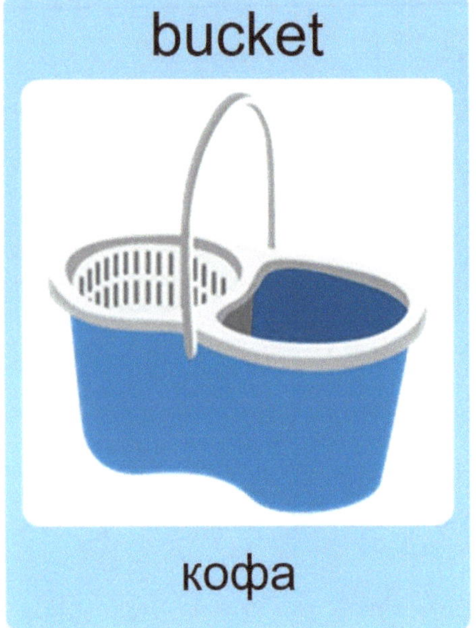

кофа

# mops

мопс

# liquid soap

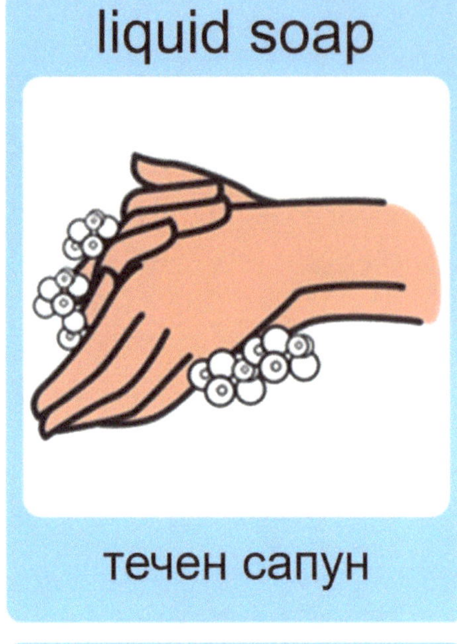

течен сапун

# washing powder

прах за пране

# trash bag

торба за боклук

# trash can

кошче за боклук

# sinks

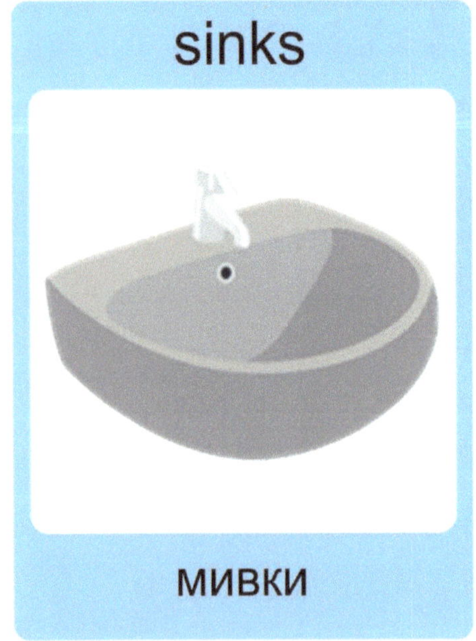

мивки

# toilet bowl

тоалетна чиния

# washing machine

пералня

# laundry basket

панер за пране

# razor

бръснач

# electric razor

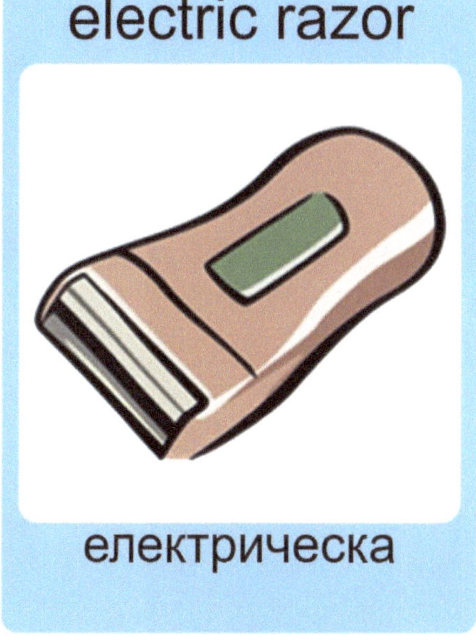

електрическа

# shaving cream

крем за бръснене

# mouthwash

вода за уста

# cotton bud

памучна пъпка

# hair brush

четка за коса

# comb

гребен

# cleanser

cleanser